Dieses Buch widme ich meinen Eltern
Marianne und Peter Hansen
in Liebe und Dankbarkeit.

Mein innigster Dank gilt all den Menschen,
die diesem Band zu seiner Entstehung verholfen
haben.
Da sind besonders zu nennen mein wunderbarer
Lehrer und Förderer Mark Fox und mein geliebter
Ehemann Peter für die unentbehrlichen
„Geburtshilfen" und die tatkräftige Unterstützung
von Anfang an.
Meiner Freundin Gabriele Koenigs danke ich für
das herrliche Aquarell, das sie mir als Titelbild zur
Verfügung stellte.

Ganz besonders danke ich Gott, der liebenden,
ewigen und unerschöpflichen Quelle unseres Seins
für Alles.

Monika Hansen

Aus meinem übervollen Herzen

Gedichte und Gebete
aus der Stille

© tao.de in J. Kamphausen Mediengruppe GmbH, Bielefeld

1. Auflage 2014

Autorin: Monika Hansen
Umschlaggestaltung, Illustration: tao.de
Umschlagfoto: Aquarell von Gabriele Koenigs
www.gabrielekoenigs.de

Printed in Germany

Verlag: tao.de in J. Kamphausen Mediengruppe GmbH,
Bielefeld,
www.tao.de, eMail: info@tao.de

Bibliografische Information der Deutschen Nationalbibliothek:
Die Deutsche Nationalbibliothek verzeichnet diese Publikation
in der Deutschen Nationalbibliografie; detaillierte bibliogra-
fische Daten sind im Internet über http://dnb.d-nb.de
abrufbar.

ISBN: 978-3-95802-054-2

Das Werk, einschließlich seiner Teile, ist urheberrechtlich
geschützt.
Jede Verwertung ist ohne Zustimmung des Verlages
unzulässig.
Dies gilt insbesondere für die elektronische oder sonstige
Vervielfältigung, Übersetzung, Verbreitung und sonstige
Veröffentlichungen.

Inhalt

Aus meinem übervollen Herzen   7

 1 Alles was wir sind   8
 2 Wir waren immer schon verbunden   24
 3 Angekommen auf meinem Weg   37
 4 Aus allen Wassern strömst Du
    mir entgegen   51
 5 Lass mich zu Dir von meiner
    Liebe sprechen   64
 6 Alte Wege wollen enden   77
 7 Es ist die Zeit   86
 8 Wenn außen alles trostlos scheint   95
 9 Hinter allen Worten liegen Welten   108
10 Wenn ich in Deiner Stille bin   117
11 Ganz und gar gebe ich mich
    der Liebe hin   131
12 Nimm mich und spiel Dein Lied
    auf mir   142

Aus meinem übervollen Herzen
strömt alle Liebe zu Dir hin.
Ich fließe mit, lass mich verwandeln -
die Welt ergibt auf einmal Sinn.

Aus Deinem grenzenlosen Raum
kommt alle Liebe bei mir an.
Ich atme tief und werde still
und öffne mich, so weit ich kann:

Lichterfüllte Ewigkeit -
und DEIN Name wird zum Klang.
Seele schwingt in Seligkeit,
tanzt im kosmischen Gesang.

1

Alles was wir sind

Alles was wir sind
entspringt dem einen Herzen
und kehrt sich selbst verwandelnd
befreit dorthin zurück

Alles was wir sind
kommt uns durch Dich entgegen
und schenkt sich uns als Segen
der Erde die uns trägt

Alles was wir sind
fließt aus der Einen Quelle
vergeht wie eine Welle
im großen Ozean

Ich bin die Liebe,
die jedem gebührt;
ich bin die Trauer,
die sehr tief berührt.
Ich bin der Schmerz,
der niemals ganz fehlt;
ich bin die Freude,
die alles beseelt.

Ich bin die Angst,
die zittert und schreit;
ich bin Vertrauen,
beständig und weit.
Ich bin der Zwang,
der im Inneren hockt;
ich bin die Freiheit,
die ruft und verlockt.

Ich bin der Streit,
der reinigt und klärt;
ich bin der Friede,
der im Herzen einkehrt.
Ich bin der Tod,

>>>

<<<

der den Neuanfang bringt
und bin auch das Leben,
das laut in uns singt.

Ich bin die Liebe,
die alles vergibt,
bin strahlendes Licht,
das grenzenlos liebt.

Auf einmal fällt mir Freude ein
und ich erinnere mich daran,
dass diese Kraft mich jederzeit
beleben und bewegen kann.

Doch ist das Herz mir manchmal schwer
und dann entzieht sich inneren Blicken,
dass meiner Quelle stets entspringt
unendlich seliges Entzücken.

Dies ist die Freude reinen Seins,
die pure Lust am Leben.
Sie kommt aus mir, ist immer eins
und lehrt mein Herz das Schweben.

Alles
in mir
erkennt sich
ergibt sich
erfüllt sich
und liebt.

Nicht auf den
Frühling warten,
sondern aus der Fülle
und dem Reichtum
dieser Zeit schöpfen -
Schöpferin sein.
Den Winter
in leuchtenden Farben
ausmalen.

Und staunen.

Vom Baum
die Stille lernen und die Kraft,
die aus den Wurzeln sich erschafft
und vor dem Himmel sich verneigt,
während der Stamm ganz ungebeugt
ihm seine Äste betend reicht.

Vom Baum
die Fülle lernen und das Schwelgen,
wenn er von seinem Blütenfest
verschwenderisch sich feiern lässt
und dann mit diesem Überfluss
den Erdengrund so zärtlich küsst.

Vom Baum
das Dienen lernen und das Tragen,
wenn er den sonnenheißen Tagen
sein Blätterdach entgegenhält
und so dem ausgedörrten Feld
freigiebig kühlen Schatten schenkt.

>>>

<<<

Vom Baum
das Fallen lernen und das Steigen,
wenn vor dem langen Winterschweigen
ein jedes Blatt zu Boden sinkt,
der Erde sich zum Opfer bringt
und der Verwandlung sich ergibt.

Himmel und Erde
kommen in mir
zusammen.

Himmel und Hölle
treffen sich
in meinem Mittelpunkt
und leben in mir.

Gott, in meinem tiefen Herzen
spür ich die Hölle nicht,
denn hier an dieser Stelle
strahlt hell und klar Dein Licht.

Und doch brennt Höllenfeuer
in meinem tiefsten Sein,
lauern die Ungeheuer
im roten Flammenschein.

Hilf mir, das zu verbinden,
was beides in mir glüht,
das Höllenherz zu finden,
wo neues Leben blüht.

Lass mich den Höllenboden
verwandeln in ein Feld,
das Dickicht endlich roden,
dass Licht die Saat bestellt.

Hilf mir, die Ungeheuer
nun ohne Angst zu sehn
und durch das Höllenfeuer
an Deiner Hand zu gehn.

Krankheit
in meinem Körper
Heilung
in meiner Seele
Manchmal
alles verschwommen
und dann
auf einmal
glasklar
durchsichtig
hell

Meine Seele
dehnt sich aus;
sie wächst
über meinen Körper
hinaus.
Und meine Seele
ist das,
was ich bin.
Ich bin nicht
dieser Körper,
ich bin
meine Seele.
Und sie
dehnt sich aus
und wächst
Dir
entgegen.

Zarte Seelen, die wir sind,
wie können wir die Liebe fassen?
Wie können wir voller Vertrauen
uns durch die Gnade
heilen lassen?

Große Seelen, die wir sind,
wie können wir das Leben fassen?
Wie können wir uns sanft und wild
von dieser Kraft
bewegen lassen?

Starke Seelen, die wir sind,
wie kann die Liebe uns erfassen?
Indem wir stets, was sie auch will,
hingebungsvoll
geschehen lassen.

Diese Nacht
bin ich Mutter
geworden.

Ich nährte Dich
an meiner Brust
und war selbst
das Kind.

Und heute Morgen
weinte ich
vor Glück.

Deines Daseins stille Spur
verliert sich in der Ewigkeit.
Ein volles, kurzes Leben nur
verbrachtest du in unsrer Zeit.

Doch wir erkennen dich in allem,
was unserem Hiersein Form verleiht.
Wir spüren dich im Blätterfallen,
im Vogellied zur Frühjahrszeit.

Wir ahnen dich in Dunkelheiten,
wenn Sternenlichter uns bescheinen
und Echos aus Unendlichkeiten
den frühen Abschied noch beweinen.

Wir fühlen dich im tiefsten Herzen,
hier hüllt dich Gottes Liebe ein.
Und Friede wächst aus unseren Schmerzen:
Die Spur wird nie verloren sein.

2

Wir waren immer schon verbunden

Wir waren immer schon verbunden,
nur war mir das bisher nicht klar.
Ich suchte dich in jenen Stunden,
da ich allein und angstvoll war.

Doch warst Du damals schon bei mir
und trugst den größten Teil der Last.
Ich fand den Weg nicht durch die Tür,
die Du niemals verschlossen hast.

Doch hat die Gnade mich erreicht,
als meine Not am größten war.
Die Liebe hat mein Herz erweicht,
nun schlägt es für Dich immerdar.

Mit den Augen
der Liebe
schaue ich
auf mein Leben
und erkenne
Dich.

Mit den Augen
der Liebe
schaue ich
in mein Herz
und erkenne
mich.

Gott, Deine Engel
leben in mir,
sie bringen die Liebe
in mein Sein.
Sie leuchten und strahlen,
sie kommen aus Dir
und rufen mir zu:
Du bist nicht allein.

Gott, Deine Engel
singen in mir;
sie erinnern mich
an den ewigen Klang.
Ich stimme mit ein,
bin ganz und gar hier
und bin auch ein Teil
von ihrem Gesang.

Gott, Deine Engel
lachen in mir,
sie stecken mich an
mit ihrem Humor.
Unsere Freude erschafft

>>>

<<<

eine Brücke zu Dir
und öffnet im Innern
das Himmlische Tor.

Gott, Deine Engel
wirken in mir,
sie führen mich
in die Ewigkeit.
Ich öffne mich,
spür die Nähe zu Dir
und werde eins
mit der Göttlichkeit.

Wir dürfen
die Liebe erfahren,
diese Kraft,
die tief in uns
wohnt.
Sie lässt uns
das Höchste gewahren,
die Gnade,
die alles belohnt.

Gott,
diese Freude
Deinen Namen
auszusprechen,
immer wieder.

Gott.

Hier auf dieser Erde,
hier in diesem Sein
kann ich Dich erkennen –
Du lädst mich dazu ein.

Hier zu Deinen Füßen
find ich den schönsten Schatz,
fühle mich warm und sicher
und weiß: Hier ist mein Platz.

Hier in Deiner Liebe,
groß und still und nah,
wächst in mir Vertrauen:
Du bist immer da.

Hier in diesem Fließen
schenkt sich mir das Glück.
Ich spür die Kraft des Lebens
in jedem Augenblick.

Hier in Deinem Schatten
strahlt das hellste Licht.
Ich reife Dir entgegen
und schau Dein Angesicht.

>>>

<<<

Hier in Deinem Herzen
wird alles in mir weit.
Ich öffne mich der Liebe,
bin jetzt dazu bereit.

Gott,
wenn ich
morgens aufwache,
spüre ich
Dankbarkeit
und Freude
für mein Leben
und für
diesen Tag.

Das war
nicht immer
so.

Deine Liebe
hat mich
verwandelt.

Und wenn ich
abends einschlafe,
bist Du immer noch
bei mir.

Neu
und doch
vertraut

Weit
und doch
so nah

Deine Liebe
ist immer
da

Gott,
ohne dich
geht es nicht.
Inzwischen
hab ich das erkannt.
Du schenkst mir
Deiner Liebe Licht.
Ich fühle mich
Dir so
verwandt.

Himmlische Sprache,
ohne Worte
nur Klang.

Ewiges Lied,
Seelengesang.

3

Angekommen auf meinem Weg

Angekommen
auf meinem Weg -
noch lange nicht
am Ziel.

Und doch
ist das Ziel
schon da.

Gott,
Du gingst mit mir von Anfang an,
teilst dieses Körpers schwere Bürde,
die ich allein nicht tragen kann –
doch meine Seele reift in Würde.

Vertrauen lebt und wächst in mir,
dass stets Dein Atem durch mich weht;
denn dieser Weg führt nur zu Dir –
ein jeder Schritt wird zum Gebet.

In Deinem Licht zergeht mein Schmerz,
aus allen Schwächen steigt die Kraft.
Und meine Not erreicht Dein Herz,
das liebevoll mich neu erschafft.

Jetzt lade ich
die Welt mir ein
und teile
meinen größten Schatz.
Das ist die Freude,
hier zu sein,
denn alles findet
seinen Platz.

Alles fügt sich
in die Ordnung,
die das Leben
stets erhält.
Ich muss nicht
mehr widerstreben
und so werde ich
zur Welt.

Sage mir nicht,
dass mein Weg falsch sei,
nur weil er anders ist
als deiner.

Glaube nicht,
dass dein Weg besser ist,
nur weil du ihn besser kennst.

Teile mit mir die Stille,
die wir sind,
und wir erkennen
den Einen
in der Wahrheit
aller
Wege.

Alles
bewegt sich
dehnt sich aus
strebt nach außen
und kehrt wieder
zur Mitte
zurück

Dich hemmungslos
zu lieben, Gott,
ist mir seit jeher
vorbestimmt.

Dir uneingeschränkt
zu vertrauen
ist mein Weg,

Dein Lied zu singen
meine Erfüllung.

Gott,
meine Seele singt,
sie wächst und dehnt sich aus.
Und wenn ihr Lied erklingt,
bin ich in mir zu Haus.

Gott,
meine Seele sucht,
sie sehnt sich so nach Dir.
Und Deine Stimme ruft:
Ich bin doch immer hier.

Gott,
meine Seele liebt,
das ist ihr tiefstes Sein,
und wenn sie sich ergibt,
geht ganz sie in Dich ein.

Lass mich stark sein,
um vor Dir
schwach sein zu können.

Lass mich mutig sein
und Dir meine Angst
zeigen.

Lass mich gewinnen,
um Dir meine Niederlage
einzugestehen.

Lass mich heimatlos sein
und in Dir
mein Zuhause finden.

Lass mich hungern
und von Dir
genährt werden.

Lass meinen Durst
durch das Wasser
aus Deiner Quelle
gestillt werden.

>>>

<<<

Lass mich sterben,
um in Dir
leben zu können.

Seltsam sind die Wege,
die die Liebe uns führt;
kostbare Momente,
wenn man Gott in sich spürt.

Schwere Lektionen,
die das Leben uns schenkt,
doch alles durch Weisheit
und Gnade gelenkt.

Wie soll ich das halten,
was laut aus mir singt?
Wie kann ich gestalten,
was tief in mir schwingt?

Wie finde den Weg ich,
der frei ist und mein?
Du sagst: Sei die Stille
und atme das Sein.

So will ich mich denn überlassen
und Deiner Liebe anvertraun,
die Widerstände fallen lassen
und ruhig der Zeit entgegenschaun.

So will ich in den Fluss mich wagen,
ganz ohne Angst vorm Untergehn.
Ich weiß genau, er wird mich tragen,
nichts Schlimmes kann mir hier geschehn.

So will ich meine Schritte gehen,
die Liebe nimmt mich an die Hand.
Sie lässt mich mit dem Herzen sehen,
denn Du hast mich schon längst erkannt.

Unterwegs war ich,
um Dich zu suchen
und Du
fandest mich.

Ich ließ es
geschehen.

Du
meiner Liebe
Angesicht,
Du scheinst
durch meine
tiefste Not.
Mit Dir
geh ich
den Weg
ins Licht,
verwandle mich
durch jeden
Tod.

4

Aus allen Wassern strömst Du mir entgegen

Aus allen Wassern strömst Du mir entgegen,
aus allen Winden weht mir Deine Liebe zu.
Von Deiner Zärtlichkeit bin ich umgeben
und meine Seele findet darin Ruh.

In allen Fernen atmet Deine Weite,
in jede Nähe trittst Du grüßend ein.
Von Deiner Gnade bin ich stets geleitet,
denn Du durchdringst mein ganzes Sein.

Aus allen Höhen senkt sich Dein Erbarmen,
in jede Tiefe steigst Du mit hinab.
So selig ruhe ich in Deinen Armen,
die treu mich halten – bis ins Grab.

Hier wird mein Leib dann still entschwinden,
doch meine Seele findet Dich,
um sich in Liebe zu verbinden
und einzugehen in Dein Licht.

Wenn dich
das Ewige berührt,
sein Atem
deine Tiefen streift,
wenn dich dein Weg
zum Einen führt,
dann halte inne
und sei weit.

Sei stumm und
öffne deine Hände.
Nimm alles hin,
gib alles frei.
Zerbrich im Herzen
alle Wände,
die dich noch trennen –
und dann sei...

Alles
findet sich
Gott,
seit Du
mich
gefunden hast.

Die Angst loslassen
vor der Weite,
vor der Unendlichkeit,
vor dem grenzenlosen Raum.

Dort werde ich mich
nicht verlieren,
sondern finden –

und Dich.

Zart
berührt mich
Dein Atem
streichelt mich
sanft
wiegt mich
flüstert mir zu

Ich bin da

Gott,
Deine Liebe ist in allen,
und alles lebt und liebt in Dir.
Wir dürfen steigen, müssen fallen
und finden so den Weg zu Dir.

Gott,
Deine Freude tanzt im Licht,
jubelt und lacht in jedem Sein.
Aus Deinem nahen Angesicht
strahlt helles Glück in uns hinein.

Gott,
Deine Stille tönt und klingt
und schweigend hören wir Dein Lied,
wie es in unseren Herzen singt
und unserer Sehnsucht Nahrung gibt.

Gott,
Du kommst
mir entgegen
in allem,
was ist.

Gott, ich bin Dein Garten,
denn alles in mir blüht
und kann es kaum erwarten,
dass es den Himmel sieht.

Und doch sind tief verbunden
die Blumen mit dem Grund,
kraftvoll und verwurzelt,
aufrecht und gesund.

Von unten sich erhebend,
formen Dein Gesicht,
wachsen Dir entgegen,
öffnen sich dem Licht.

Gott,
ich lasse Dich ein
in mein Herz.

Und ich lasse
mich ein auf
Dich.

Gott,
lass mich in Deiner Liebe heilen,
denn viel zu lange war ich fern von Dir.
Lass diesen einen Augenblick uns teilen,
so komm und sei jetzt ganz bei mir.

Gib auf die müd geweinten Augen
Deinen Trost,
und auf die wunden Stellen
leg Dein Herz.
Bedeck die heiße Stirn
mit Deiner kühlen Hand,
nimm aus der Seele mir
den Sehnsuchtsschmerz.

Lass mich in dieser tiefen Stille
nur atmend mit Dir sein;
und meinen allergrößten Wunsch erfülle:
Dies möcht mein Platz für immer sein.

Mit dem Herzen
den Himmel berühren -
liebevoll und sanft.

Gott unendlich groß
in mir spüren -
zärtlich und still.

Lass mich meine Wurzeln
in Deine Erde senken,
damit mein Herz wachse
und in Deiner Liebe
erblühe.

Lass mich meine Äste
in Deinen Himmel halten,
damit meine Seele
in Deinem Licht leuchte
und Dir ein Stern
werde.

5

Lass mich zu Dir von meiner Liebe sprechen

Lass mich zu Dir von meiner Liebe sprechen,
die tief in meinem Innern blüht.
Lass mich Dir hier und jetzt versprechen,
dass dieses Feuer nie verglüht.

Lass mich Dir Liebesworte sagen,
die doch mein Fühlen niemals fassen.
Lass mich das Abenteuer wagen,
die alten Grenzen zu verlassen.

Ich will die Liebe weithin künden,
dass alle Seelen sie begleicht
und jene sich dort wiederfinden,
wo jeder Fluss das Meer erreicht.

Ich will die Liebe aus mir singen,
aus meinem Herzen quillt ihr Strom,
und voller Freude sie Dir bringen
in Deinen hohen, stillen Dom.

Hier will ich sie zu Deinen Füßen
unendlich zärtlich mit Dir teilen,
will Deine Gegenwart genießen
und in der Liebe Glanz verweilen.

Die zarte Spur
die Deine Hand
auf meinem Herzen
hinterließ

Der sanfte Abdruck
Deiner Fingerspitzen
auf meinen Augen

Die süße Erinnerung
Deiner Lippen
auf meinem Mund

Alles, was ich an Dir liebe,
lebt und atmet auch in mir.
In allem, was ich für Dich fühle,
erkennt mein Herz sich selbst in Dir.

Und alles, was ich zu Dir sage,
sind Worte, die Du in mir betest,
die stets als Schatz ich in mir trage,
mit denen meinen Weg Du segnest.

Ein jedes Lied, das ich Dir singe,
enthält den Klang aus Deiner Stille.
Denn alles, was ich vor Dich bringe,
ist immer schon in Deiner Fülle.

Ein leiser Hauch
von Zärtlichkeit
weht durch mich
und bewegt sachte
mein Innerstes.

Bist Du das?

Gott,
ich wusste nicht,
dass es so sein könnte
zwischen Dir und mir.

Ich wusste nicht,
dass Du mich so vollkommen
lieben würdest.

Doch ich habe Angst,
dass es aufhört;
und ich habe Angst,
dass es nicht aufhört.

Denn es trägt mich,
und es trägt mich
fort.

Du bist ein zärtlicher
Liebhaber, Gott,
doch auch ein fordernder.

Sanft
liebst Du mich
überall –
und doch
ist Dein Wille
unendlich stark,
groß und
unnachgiebig.

Kraftvoll,
wenn ich mich ergebe.

Gott,
Deine liebende Stille
verwandelt
mein Sein.

Deine stille Liebe
erfüllt
mein Herz,
bis es überfließt.

Wie könnte ich
Dich nicht lieben?
Du hast mich
zuerst geliebt,
hast Deine Liebe
über mir
ausgegossen,
verschwenderisch -
eine sanfte Lawine
aus Licht:
zärtlich
streichelnd,
unendlich
tröstend.

Gott,
Du lebst
in meinem Sein
und liebst
in meinem Herzen.

Wohin, Gott,
mit dieser Liebe?

Ich fließe über
Staudämme brechen
Land unter
Überflutung

Und dann

Endlose See
Tief und klar
Weit und
Still

Gott,
lass mich
Deinen Namen
immer wieder neu
in Liebe sagen.

Ich weiß nichts.

Ich weiß nur
um diese Liebe.

6

Alte Wege wollen enden

Alte Wege wollen enden
und die Kreise schließen sich.
Reiche Jahre uns entsenden,
Lebensfülle öffnet sich.

Wachsen, Blühen und Gedeihen;
Schmerzen, Angst und Traurigkeit;
Freude, Liebe und Verzeihen -
alles formt sich durch die Zeit.

Und die Wege werden breiter,
Himmelslicht strahlt hell und klar.
Am Horizont geht es noch weiter:
Neue Tage werden wahr.

Du entwächst den frühen Räumen
und findest dich auf neuen Wegen.
Du entsteigst den leeren Träumen,
um dich ins Unbekannte zu begeben.

Doch auch wenn Angst dich noch begleitet
und Einsamkeit dein Herz erfüllt,
spürst du, dass dich der Eine leitet,
der deine tiefste Sehnsucht stillt.

Und du betrittst den weiten Garten,
der stets in deinem Innern blüht,
in dem die anderen dich erwarten
und Seine Liebe still geschieht.

Vergebung bedeutet uns selbst zu befreien
von allem, was uns noch bindet und lähmt.
Sie hilft uns völlig im Frieden zu sein
mit dem, was das Leben uns auferlegt.

Vergebung nimmt uns die Last aus dem Herzen,
die lange und schwer wir im Innern getragen.
Vergebung erlöst uns von Leid und von Schmerzen,
sie ist die Antwort auf sehr viele Fragen.

Wer vergibt kann liebend und annehmend schauen
auf das, was wir einst an Schwerem erlebt.
Vergebung lässt uns dem Höchsten vertrauen,
und ahnend erkennen, was niemals vergeht.

Vergebung bedeutet, das loszulassen,
was uns noch von den anderen trennt.
Sie lässt uns lieben, beendet das Hassen,
weil jeder im andern sich wiedererkennt.

Vergebung heißt auch, sich selbst zu verzeihen,
wenn Schuld und Reue noch stark in uns glühn.

>>>

<<<

Nur im Reinen mit uns kann die Seele gedeihen,
können Liebe und Freude im Herzen erblühn.

Um Frieden zu finden, lasst uns vergeben
und immer größere Kreise ziehn.
Lasst offenen Herzens uns lieben und leben;
denn vergebend gewinnt unser Dasein an Sinn.

Zeitenwende in meinem Herzen
Lebenswende tief in mir
Nicht das Ende aller Schmerzen
Doch voller Freude nah bei Dir

Heiligkeit in jeder Stille
Leichtigkeit in jedem Schritt
Unwesentlich der eigene Wille
Immer geht die Liebe mit

Nicht zu spät für neue Pfade
Nicht zu früh am Himmelstor
Selig lebe ich die Gnade
Bete meinen Dank empor

Aus meinen Händen sinken Dinge,
die ihre Wichtigkeit verloren
und die ich Gott zum Opfer bringe,
denn nackt und neu werd ich geboren.

Aus meinem Herzen regnen Tränen,
die diesen weiten Weg begleiten
und jeden Abschied zärtlich segnen;
denn immer leichter darf ich schreiten.

Aus meiner Seele steigen Worte,
die sanfte Wesen in mir beten.
Sie tragen mich an heilige Orte,
die still und furchtlos wir betreten.

Aus meinen Tiefen quillt ein Strömen,
das bis in alle Himmel drängt.
Mich mit der Liebe zu versöhnen,
werd ich dem Leben neu geschenkt.

Überflüssiges entschwindet,
löst sich auf im leeren Raum.
Wesentliches sich einfindet,
weckt mich auf aus tiefem Traum.

Lasten fallen ab von mir,
schwere Bürden werden leicht.
Nackt und bloß steh ich vor Dir,
Starres hat sich längst erweicht.

So gebe ich der Liebe nach,
schenke mich der Ewigkeit.
Licht verzweigt sich tausendfach,
webt mir sanft ein neues Kleid.

Neue Lebensgeister kehren ein,
ich heiße sie in mir willkommen.
Lebendigkeit lädt Freude ein;
sie wird nun ihren Platz bekommen.

Der Lebensquell pulsiert und strömt,
füllt so den weiten Raum in mir,
der voller Klänge ist und tönt
und singt die Liebe aus zu Dir.

Mein tiefstes Sein wird offenbar;
es war schon immer, was ich bin.
Heiliger Friede, still und klar,
hüllt mich ein: Ich geb mich hin.

7
Es ist die Zeit

Es ist die Zeit, dass Gotteslicht
die tiefe Dunkelheit durchdringt.
Es ist die Zeit, dass Zuversicht
befreit in unseren Herzen schwingt.

Es ist die Zeit, dass Angst und Leid
in Gottes Liebe sanft entschwinden
und dass durch Not und Einsamkeit
sich unsere Seelen wiederfinden.

Es ist die Zeit, dass wir erkennen,
nur in uns selbst beginnt die Wende
und dass wir den beim Namen nennen,
der stets beschützend seine Hände

für jeden von uns segnend hält. -
Und zu erwachen ist es Zeit,
uns zuzuwenden jener Welt,
die Ursprung ist und Ewigkeit.

So kann der neue Geist erblühen
zur Feier dieser lichten Zeit
und immer weitere Bahnen ziehen:
Denn alles lebt und ist bereit.

Du bist gekommen
und kommst
immer wieder.
Die Welt hat's
vernommen
und singt
Deine Lieder.
Du schenkst uns
das Licht
einer leuchtenden
Zeit.

Wenn die Gedanken schließlich schweigen
und wahrer Friede sich enthüllt,
dann werden Ahnungen aus Tiefen steigen
und sich verdichten zu Deinem Bild.

Wenn Klänge in der Stille schwingen
und sich verbinden zu Einem Lied,
dann werden Herzen dankbar singen
und sich dem öffnen, was geschieht.

Wenn Licht und Klang sich tief vereinen
und Seligkeit die Welt erfüllt,
dann werden alle Sonnen scheinen,
wird jede Sehnsucht ganz gestillt.

Gott,
lass uns an Deiner neuen Erde bauen,
die aus dem neuen Himmel zart erblüht.
Lass uns dem allerhöchsten Ziel vertrauen,
das stets die Einheit allen Lebens sieht.

Hilf uns, in stiller Klarheit zu erwachen,
zu jenem Frieden, der die Welt erhebt,
und so die wahre Liebe zu entfachen,
durch die die neue Erde sich belebt.

Lass alle Wunden endlich heilen,
auch jene, die die Erde trafen.
Wir lernen jetzt, den Ort zu teilen,
der heilig ist und unser Hafen.

Lass uns nun in Verbundenheit
die neue Erde mitgestalten
und sie in Deiner Ewigkeit
als unsere Heimat treu verwalten.

So fürchte das Alleinsein nicht
und schöpfe daraus deine Kraft.
Nur tief in dir spürst du das Licht,
das stillen Frieden dir erschafft.

Ganz in dir triffst du den Einen,
der dich immer treu begleitet.
Hier bist du mit dir im Reinen,
fühlst dein Herz, das sich Ihm weitet.

Und du atmest Ihm entgegen,
öffnest dich der neuen Zeit.
Liebe tränkt dich wie ein Regen,
macht das Feld zur Saat bereit.

Schwestern der Liebe

(Für Giannina)

Deine Stimme atmet Liebe,
du betest zärtlich ihren Klang.
Still folge ich zum Seelengrund
und lausche deinem Herzgesang,

aus dem auch meine Worte sprießen
und wo ich einst die Heimat fand.
Ich spüre alles ineinanderfließen
und werde eins mit diesem Land.

Hier darf das Laute endlich schweigen,
und was schwer war wird ganz leicht.
Alle Worte, die noch steigen,
haben Gott schon längst erreicht.

Alle Töne, die hier schwingen,
stärken nur der Liebe Kraft,
die dienend wir den Menschen bringen,
als Boten unserer Schwesternschaft.

>>>

<<<

Und überall nun findet Hand zu Hand,
erkennen sich verwandte Seelen,
verbindet Gottes Liebe sie im Segensband
und sendet sie, wo sie noch fehlen.

Zeitlos ist die Ewigkeit,
still pulsiert darin das Sein.
Hell erstrahlt die Dunkelheit,
Friede hüllt uns zärtlich ein.

Unendlich wogen Freudenmeere,
in denen Wellen sanft vergehen.
Leichtigkeit löst ab die Schwere;
Weisheit lässt uns tief verstehen.

Liebe flutet leeren Raum,
der ohne Grenzen ist und weit.
Frisch erwacht aus langem Traum
sind wir zur Einheit jetzt bereit.

8

Wenn außen alles trostlos scheint

Wenn außen alles trostlos scheint,
finde ich tiefen Trost in mir.
Wenn meine Seele einsam weint,
ruft sie im Innersten nach Dir.

Doch wenn es ruhig wird und leise
und Deine Stille in mir schwingt,
dann öffnet sich auf sanfte Weise
der Weg, der mich nach Hause bringt.

Und wenn die Liebe mich erreicht,
sie mild und zärtlich nach mir greift,
dann lass ich los – es geht ganz leicht,
wie eine Frucht, die lang gereift.

In der Liebe
ist alles gehalten,
sie trägt
unsere Schmerzen
in sich.

Aus wachen Nächten steigen dunkle Tage,
in denen alle Einsamkeit gerinnt,
wenn jede tief und schwer empfundene Klage
im bodenlosen Raum versinkt.

Doch weht ein Hauch durch diese Leere,
der sacht den Betenden berührt
und mildernd ihn enthebt der Schwere,
zum stillen Lauschen ihn verführt.

Ein leises Ahnen wächst in seinen Tiefen,
in denen ferne Echos widerhallen,
die lange schon ihn heimwärts riefen;
und er gibt nach und lässt sich fallen.

Geduldig sein
mit dem Schmerz
mit der Angst
mit der Ungeduld
mit mir

Vertrauen

Die Liebe
ist schon da

Auf den hohen Schwingen
Deiner Liebe
bin ich getragen, glücklich
und frei.

Immer noch singend
sinke ich wieder
in die Not
meines Körpers,
in die tiefe Bodenlosigkeit,
in den Abgrund
meiner Seele.

Die Liebe erwartet mich
dort – dankbar.

Gott,
ich fürchte mich so vor dem Leben
und vor der großen weiten Welt.
Wie soll ich mich dort frei bewegen,
wenn tiefstes Grauen mich befällt?

Wie kann ich mich je sicher fühlen,
sieht alles doch gefährlich aus?
Stürmische Winde treiben Mühlen
und jagen Geister um das Haus.

Schwankender Boden will mich tragen;
jedoch vertraue ich ihm nicht.
All meine ungestellten Fragen
starren mir ins Angesicht.

Und dann -
auf einmal kommst Du mir
in zartem Lichterglanz entgegen,
bringst Wärme, Liebe, Kraft mit Dir
und füllst mein Herz mit Deinem Segen.

Gott,
ich erlebe Dich
in meinen Schmerzen;
dann bist Du
mir so nah.
Ich spüre Dich,
Deine Arme,
die mich halten,
Deine Liebe,
die mich trägt,
Deinen Mund,
der mich küsst
und Deinen Segen,
der über mich kommt.

Gott,
ich spüre Dich
in meinen Tränen.

Du bist hier.

Und wenn
die Angst
auch größer wird,
wächst doch
die Liebe
stetig mit.

Wenn deine Tränen fließen wollen,
dann lasse ihnen freien Lauf.
Lass über deinen Schmerz sie rollen;
so löst er sich allmählich auf.

Leg dich dabei in Gottes Arme,
er weint mit dir und hält dich still.
Erkenne, dass dich Seine warme,
tiefe Liebe heilen will.

Lass alles los und gib dich hin;
so wird dein ganzes Leid vergehen.
Befreit ahnst du des Lebens Sinn
und lässt es dankbar dir geschehen.

Ich stehe am Abgrund,
hinter mir die Felsenwand.
Es gibt kein Entrinnen.
Ich springe nicht,
ich falle und sinke -
in Deine Liebe,
Gott.

Im tiefsten Dunkel
meiner Seelennacht
schicktest Du mir
einen Lichtstrahl,

der mich erreichte.

Soul Singing

(Für Angelika)

Töne fließen
aus meinen Augen,
Tränen strömen
aus meiner Seele.

Mein Herz ist still
und öffnet sich
für Deine Liebe.

9

Hinter allen Worten liegen Welten

Hinter allen Worten liegen Welten,
die wir im Denken nie erfassen
und die uns stets erkennen lassen,
dass Einer größer ist als wir.

Über allen Leben ragen Himmel,
die unser Ahnen übersteigen,
darunter wir ehrfürchtig schweigen
und ihre Weite stumm bestaunen.

Unter allen Wunden weint die Erde
und heiligt sich mit jedem Baum,
der sich erhebt zum stillen Raum
und seine Wurzeln in die Tiefen treibt.

Fühlen,
dass wir alle
in einem Zusammenhang
stehen, der größer ist
als jegliches,
was wir denken können.

Erkennen,
dass uns daraus
eine Verantwortung erwächst,
für welche uns die Kraft
aus eben jener
Verbundenheit
zufließt.

Die größte Freude
lebt in mir,
wenn ich das Sein
nach innen
wende.

Die tiefste Liebe
wartet hier
und fließt
in meine
offenen Hände.

So will ich diesen Tag beginnen,
aus dunkler Nacht erwacht er zart.
Und wenn die Stunden auch verrinnen,
bleibst Du doch immer Gegenwart.

Du atmest stets das reine Sein;
so willst Du heute mich begleiten.
In alles Tun fließt Du hinein,
und jeden Raum lässt Du sich weiten.

All meinen Schritten schenkst Du Richtung,
lässt mich aus Deiner Quelle trinken.
Sanft formt daraus sich meine Dichtung,
in meine Tiefen darf ich sinken.

In Deine Höhen darf ich steigen
und immer noch erhebst Du mich.
Der Tag will sich dem Abend neigen,
doch hell und strahlend bleibt Dein Licht.

Hier rufst Du
mich also,
meine Seele,
in meinen
tiefsten Tiefen,
in die Du mich
liebend zwangst
durch diesen
kranken Körper.

Und hier höre ich Dich
ENDLICH.

Hier rufst Du mich also,
Gott.

Ich habe die Liebe gefunden,
doch in Wahrheit fand sie wohl mich.
So innig sind wir nun verbunden –
das Dunkel wurde zu
Licht.

Ich bin in die Stille gegangen,
doch sie war schon immer in mir.
Oft war ich im Lauten gefangen –
ganz still ist es nur
jetzt und hier.

Ich wollte die Ewigkeit spüren,
hier klingt meiner Seele Gebet.
Ich ließ mich im Herzen berühren –
wo Gott neu in mir
aufersteht.

Immer tiefer
in die Wahrheit
sinken -
und erkennen.

Immer tiefer
in den Schmerz
eintauchen -
und fühlen.

Immer tiefer
in die Liebe
fallen -
und leben.

Wie soll ich Worte finden, die Dich meinen,
wenn jedes Wort zu Staub zerfällt,
noch ehe es erreicht den Einen
Urgrund meiner Seelenwelt?

Wie soll ich Dich beim Namen nennen,
wenn keine Namen für Dich passen
und alle Sprachen, die wir kennen,
Dich immer unbeschrieben lassen?

Doch kann ich jenseits des Gedachten
das stille Tor ins Nichts durchschreiten
und mit den anderen Erwachten
ins Namenlose sanft mich weiten.

10

Wenn ich in Deiner Stille bin

Wenn ich in Deiner Stille bin,
wird diese Welt mir fremd und fern;
denn alles Tun wirkt ohne Sinn
und jedes Ding scheint ohne Kern.

Und ich verliere mich in Dir -
die ganze Welt geht so verloren.
Doch werden alle Formen mir
in jedem Atem neu geboren.

Untrennbar von der Welt bin ich
und will auch gar nichts anderes sein.
Denn in der Welt finde ich Dich
als Schöpfer hinter allem Schein.

Durch die Stille
wie durch ein Tor
trete ich ein
in Dein Herz.

Schweigende Tage
und meine Seele
atmet auf.

Tiefe Stille
voller Leben
und Liebe.

Der Atem
trägt mich
mit Leichtigkeit.

In den stillen Raum
hineinsprechen.

Dich, Gott,
aus mir hören.

Zuhören,
wie Du in mir
betest.

Tief in der Stille,
mitten im Sein,
leuchtet die Liebe,
stellt Freude sich ein.

Offene Weite,
lebendig und klar,
löscht alte Grenzen,
verwandelt was war.

Himmel und Erde,
pulsierende Kraft,
göttliche Schwingung,
die alles erschafft.

Meine Seele
trinkt die Stille
wie eine Verdurstende.

Dankbar
an der Quelle
zu sein.

Tiefer
in die Liebe
eintauchen,
Gott,
deren Meer
Du bist.

Die Stille
ist der Fluss,
der mich
dorthin
trägt.

Wo ich jetzt bin,
will ich auch sein;
in diesem Raum
geschieht das Leben.
Denn jede Gegenwart
ist voll
und will aus
ihrer Fülle geben.

Und jede Stille
birgt die Freude;
so feiert sie
den Augenblick.
Lebendig sind wir
Hier und Heute –
nur Jetzt vollzieht
sich unser Glück.

Von Moment
zu Moment
immer neu
geboren

Ein Atemzug
und dann
der nächste

Gott,
Deine Gegenwart
ist Liebe,
tiefe Stille,
reines Sein.

Diese erste leise Morgenstunde,
von der Nacht mir übergeben,
trägt den Tag in ihrem Munde,
schmeckt verführerisch nach Leben.

Dieser zarte frühe Schimmer
kündet von der lichten Zeit,
wandelt sich und
bleibt doch immer
Glanz aus Gottes
Ewigkeit.

Gedankenstille
Schwereloses Sein
Tönende Fülle
Strömt tief in mich ein

Gott,
Deine Stille
ist in mir,
füllt mich aus,
umgibt mich,
trägt mich.

Gott,
Deine Stille
ist.

11

Ganz und gar gebe ich mich der Liebe hin

Ganz und gar
gebe ich mich
der Liebe hin,
gebe ich mich
Dir hin, Gott -
ganz und gar.

Ganz und gar
wird es still
in mir,
ersterben die Worte
in meinem Mund,
die Gedanken
in meinem Kopf,
wenn Du zu mir
kommst, Gott -
ganz und gar.

Ganz und gar
werde ich eins
mit Dir, Gott,
verschmelze –
ganz und gar.

Überwältige mich,
doch tu mir nicht weh.
Nimm mich –
ich geb mich Dir
grenzenlos hin.

Lass mich
Dich lieben
mit all
meiner Kraft,
ganz in Dir sein
so wie Du
ganz in mir.

Es ist schön
Mit Dir
Gott

Es ist
Stille
Ausruhen
Tiefer sinken

Es ist Loslassen
Aufgeben
Ankommen
Bei mir

Es ist
Aufgehen
In Dir

Im Moment
der Liebe
bin ich
ganz hier.
Ich spür
Deine Nähe,
Du atmest
in mir.

Gott,
das Leben,
das ich in
meinen Körper
spüre,
bist Du.

Die Schönheit,
die ich durch
meine Augen
erblicke,
bist Du.

Die Stille,
die ich tief
in mir
finde,
bist Du

bin ich

sind wir.

Gott,
am nächsten
bist Du mir
in meinem Körper.

Hier entdecke ich Dich
überall und
immer wieder neu
und voller
Wunder.

Gott,
Dein Herz
schlägt
in meiner Brust.

Dein Blut
fließt
in meinen Adern.

Dein Atem
lässt mich
atmen, leben
und sein.
Er füllt mich.

Du erfüllst mich
mit Deiner
Liebe.

Gott,
ich bin bereit,
es ist jetzt Zeit,
Dich tief in mir
zu spüren.

Du kommst
aus Deiner Ewigkeit,
ich lasse mich
verführen.

Wir finden uns
im hellsten Licht,
das je auf Erden
schien.

Du atmest mich,
ich liebe Dich
und werde,
was ich bin.

Still werden
Zuhören
Dir Gott

Die Augen
schließen
Nach innen
schauen
Deine Berührung
empfangen
Deine Liebe
fühlen

Still
meine Seele,
Gott ist in uns.

Ruhig
mein Herz,
die Liebe ist da.

12

**Nimm mich und spiel Dein
Lied auf mir**

Nimm mich
und spiel Dein Lied auf mir.
Lass Deine Töne
durch mich klingen
Nimm mich,
denn ich gehöre Dir
und was ich bin,
will ich Dir bringen.

Das, was Du bist,
soll durch mich scheinen
und jeden Raum
mit Gnade füllen,
dass alle Kräfte
sich vereinen
und strömen
um der Liebe Willen.

Nimm mich
aus allen alten Welten
und sende mich
von neuem aus.

>>>

<<<

Nimm mich,
um alle Wunden
zu vergelten.
Nimm mich
und wachse
über mich hinaus.

Herr, zeig mir, wie ich dienen kann.
Wie kann ich Deine Güte leben?
Seit jeher bete ich Dich an,
will Deine Liebe weitergeben.

Doch welche Form soll ich erfüllen,
in welchen Bahnen kann ich strömen?
Lass mich der Menschen Sehnsucht stillen
mit Dir sich wieder zu versöhnen.

Wie soll ich Dir die Seelen bringen,
die Deine Nähe nicht mehr spüren
und schwer mit ihrem Schicksal ringen?
Wie kannst Du sie durch mich berühren?

Wie willst Du meine Wege lenken
und welche Wüsten soll ich gießen?
Wie kann ich mich der Welt verschenken,
aus Deiner Quelle in sie fließen?

Hier stehe ich mit meinen Fragen
und ahne nicht den Weltenplan.
Ich werde sie im Herzen tragen,
bis ich die Antwort leben kann.

Moment für Moment, Gott,
stelle ich mich dem,
was Du mir zugedacht.

Moment für Moment
wähle ich nicht die Angst
sondern das Vertrauen.

Moment für Moment
ergebe ich mich
der Liebe.

Wohin, Geliebter, trägst Du mich?
Mein Herz kann es noch nicht erfassen,
doch weiß ich unerschütterlich:
Dir will ich stets mich überlassen.

Wohin auch immer Du mich führst,
ich werde dankbar mit Dir gehen.
Und wenn Du tiefer mich berührst,
kann ich Dich tiefer noch verstehen.

Wohin, Gott, lenkst Du meine Schritte?
Ich habe Weg und Ziel verloren.
Doch finde ich in jeder Mitte
Gewissheit, dass Du mich erkoren,

Dein Liebeslied hinauszusingen. –
Neu darf den Menschen ich begegnen,
darf ihnen Deine Zeichen bringen
und alles Leben damit segnen.

So also darf ich
Dir dienen, Gott:
Durch Deine Worte
aus meiner Feder,
durch Deine Liebe
aus meinem Herzen,
durch Deine Gnade
in meinem Sein.

True Voice

(Für Mark)

Zauberer Du,
dass meine Stimme
sich so ergibt
und aus Deiner Liebe
das Wunder geschieht.

Dass meine Seele
niederkniet
und in der Stille
unendlich klingt.

Mich
immer wieder neu
für das Leben
öffnen –
bedingungslos.

So nimm, Gott,
alle meine Widerstände
und meine
Widersprüchlichkeiten.
Nimm sie in
Deine guten Hände
und lasse sanft
ins Nichts
sie gleiten.

Hilf mir, mich
endlich zu ergeben
in Deine Weisheit
ganz und gar.
Lass schlicht und
friedlich sein
mein Leben
und mein Vertrauen
stark und wahr.